©2021 Jörg Eggeling
Verlag & Druck: tredition GmbH, Halenreie 40-44, 22359 Hamburg
ISBN: 978-3-347-34265-1 (Paperback)
978-3-347-34266-8 (Hardcover)
978-3-347-34267-5 (e-Book)

Bibliografische Information der Deutschen Nationalbibliothek:
Die Deutsche Nationalbibliothek verzeichnet diese Publikation in der Deutschen Nationalbibliografie; detaillierte bibliografische Daten sind im Internet über http://dnb.d-nb.de abrufbar.

Wolken-Meditation – Der Weg zum entspannten Ich

von

Jörg Eggeling

Vorwort

Corona hat spürbare Auswirkungen auf Politik, Wirtschaft, Umwelt und Gesellschaft. Neue Wege in der Arbeitswelt und der Mobilität haben sich ergeben. Besonders aber im sozialen Bereich entwickelten sich oft nicht gerade freiwillig Strukturen, die nicht zuletzt Familien, Partnerschaften und Singles prägen.

Vielfach wurde Home-Office betrieben, jedoch nicht immer zum Vorteil für die Betroffenen. Das bedeutete nicht nur das Anschaffen zusätzlicher oder neuer Medien und Organisation im heimischen Wohnraum, sondern auch oft stundenlanges Verharren vor Bildschirmen. Frustrationen traten auf, wenn das Netz zusammenbrach oder Erarbeitetes vor dem Abspeichern verloren ging. Teils mussten sich zwei oder mehr Schüler*innen die Medien teilen, teils fehlte Ruhe zum Arbeiten.

Ich selbst bin auch davon betroffen und konnte irgendwann nicht mehr konzentriert arbeiten. Mit schmerzenden Augen, verspanntem Rücken und erhöhtem Adrenalin-Spiegel setzte ich mich im angrenzenden Park auf eine Bank, sog die Luft tief ein und betrachtete den Zug der Wolken. Langsam glitten sie sanft dahin. Alles wirkte verspielt, ruhig und einfach. Und doch ist es die Macht der Natur, die sie steuert.

Bei längerer Beobachtung spürte ich Erleichterung und Zufriedenheit. Dort oben wirkte alles so harmonisch und selbstverständlich. Einfach nur genießen. Entspannt konnte ich schließlich weiterarbeiten. Täglich meditiere ich seitdem mit Wolken.

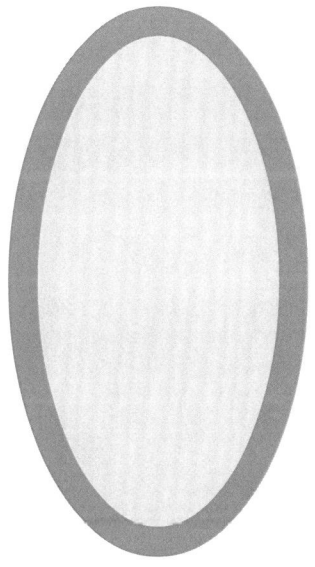

Inhalt

1. Einleitung

Durch moderne Verkehrsmittel und zunehmende Digitalisierung wird die Welt immer mehr vernetzt. Wissen, Reisen, Kommunikation, Kunst und Krempel können binnen Sekunden von einem Ort der Welt zur Antipode übermittelt werden. Dementsprechend besitzen diverse Kulturen Möglichkeiten, sich austauschen und Unbekanntes zu entdecken... Die große Welt wird immer kleiner und rückt immer näher zusammen. Globalisierung macht es möglich.

Die Informationsflut besitzt jedoch auch Schattenseiten. Die multidimensionalen Frequentierungen erdrücken quasi Individuen. Unsere rationelle Welt, die alles zu erklären versucht, abstrahiert unsere Lebenswelt. Wir werden teilweise zu Konsumenten von einem Konglomerat von Idealen, sei es in ästhetischer, kultureller, monetärer oder mobiler Hinsicht. Die Mainstreamisierung vollzieht ihren unaufhaltbaren Siegeszug. Glaube, Liebe, Hoffnung, Hilfsbereitschaft und Sozialverhalten werden durch Konsumartikel und Oberflächlichkeit ersetzt. Der Demonstrationseffekt beherrscht die Gesellschaft: Man muss sich etwas leisten können und das auch zeigen.

Durch diese Einstellungen haben sich Volkskrankheiten in den Industrieländern verbreitet. Bluthochdruck, Stress und Burnout-Syndrom sind nur einige Beispiele dafür.

Dazu hat auch mit zunehmender Aufklärung die Säkularisierung beigetragen. Das Entmystifizieren von Religion, Kosmos und Natur scheint durch die Wissenschaften und nicht zuletzt philosophische Diskurse zunehmend wichtig zu sein. Alles soll/ muss hinterfragt und erklärt werden, eine Blackbox ist nicht erwünscht.

Gleichzeitig kommen auch tradierte Paradigmen auf den Prüfstand. Es scheint, als habe man Angst vor dem Mystischen und Unerklärbaren.

Die Unsicherheiten gegenüber dem Unbekannten zeigen sich aktuell im Umgang mit Corona. Durch die Pandemie „Covid-19" und den vielen unstrukturierten Lockdowns fühlen sich viele „*mütend*". Dieser Begriff durchzieht alle Gesellschaftsschichten. Durch Home-Office, Kurzarbeit, Doppelbelastung durch Arbeit und Kinderbetreuung fehlt es den Menschen an Ausgleich.

Erschöpft melden sich z. B. Mütter zu Wort, die neben ihrer Arbeit die Hausaufgaben ihres Kindes mit zu betreuen haben, vielleicht noch ein weiteres Kind beschäftigen müssen, da die Kita geschlossen ist und dazu noch den Haushalt führen. Einige sind zudem noch alleinerziehend.

Dieser psycho-emotionale Burnout und die Unwissenheit, was die Politik als nächstes entscheidet, zu**m**ürbt die Menschen und macht sie w**ütend**: *mütend*.

Dazu kommt noch das Wohnumfeld. Teils leben viele in Wohnungen ohne Balkon oder Garten, teils teilen sich zwei oder mehrere Kinder ein Zimmer. Durch den psychischen Druck kommt es schnell zu Streitereien, die in Gewaltausbrüchen enden. Trauriger Weise nehmen auch sexuelle Übergriffe zu.

Kaum jemand nimmt sich die Muße und setzt sich einfach in der Natur auf eine Bank und lauscht dem Wind, der mit den Zweigen spielt oder beobachtet den Zug der Wolken. Hast, Lärm, Konsum und Oberflächlichkeit machen eine fortschrittliche, hoch-industrialisierte Gesellschaft zum Opfer ihrer selbst. Das hat aber auch zur Folge, dass Ängste vor der Stille, Ruhe, Einsamkeit entstehen.

Deswegen sind Mechanismen zu entwickeln, um gegenüber Besiedlungs- und Verkehrsdichte, den sog. Agglomerationsräumen, Ruhezonen und Abstand für sich zu entdecken. Und das Gute befindet sich vor der Haustür: Die Natur!

Rituale, Kulte und Brauchtum haben in vielen Völkern überlebt, auch dort, wo man sie nicht erwartet.

So gibt es in Dörfern das Maibaumfest. Dazu wird eine Mai-Königin gewählt. Auf Schützenfesten wird ein Schützenkönig ausgeschossen.

In Bayern werden krachlederne Trachtenfeste gefeiert, und in der Walpurgisnacht verbrennt man im Harz die Brocken-Hexe.

Das alles soll die Gemeinschaft fördern und Traditionen erhalten. Die Älteren geben es an die Heranwachsenden weiter und wachen um die Einhaltung. Daneben haben sich auch Kommunikationsrituale erhalten.

Die Pfeifsignale Silbo Gomero auf der kanarischen Insel La Gomera dienen z. B. der Kommunikation. Aufgrund der Reliefenergie der Insel verständigen sich die Menschen über weite Entfernungen mittels Pfeifen. Die Pfeif-Modelle werden bereits im Kindesalter erlernt.

Das Alphorn, welches oft nur noch für touristische Zwecke oder Brauchtum geblasen wird, besaß in der Vergangenheit Verständigungs- und Signalfunktion. Damit konnten die Hirten sich miteinander z. B. über verletzte Tiere austauschen oder bei Feindanblick andere warnen.

Befremdlich wirken in der digitalen und automatisierten Welt der TV-Dokus und Streaming-Dienste Rituale und Kulte indigener Völker sowie exotische religiöse Strömungen.

Indigene Menschen regeln das soziale Zusammensein nicht nur im Stamm bzw. Clan, sondern auch in den Familien. Heirat, Geburt, Mannes-Initiation, Jagd und Sterben sind durch kulturelle Schemata geregelt. Über das Einhalten wacht in der Regel ein Häuptling, Schamane oder das Familienoberhaupt. Das muss nicht zwangsläufig ein Mann sein. Bei den Khasi in Indien, den Luapula in Sambia, den Ashanti in Ghana, den Ila in Simbabwe und den Yoruba in Afrika herrscht z. B. das Matriarchat vor.

In jeden auffindbaren indigenen Kulturen gibt es Musik, die in Ritus und Kult oder Alltag Verwendung finden. Besondere Bedeutung kommt dabei den Medizinmännern bzw. Schamanen zu. Diese geraten während ihrer Zeremonien oft in Ekstase, treten mit den Göttern in Verbindung, erhalten Visionen durch bewusstseinsverändernde Zustände. Dazu bedienen sie sich synästhetischer Effekte. Monotone Rhythmen, Tanzbewegungen und oft auch bewusstseinserweiternde Drogen spielen dabei eine wichtige Rolle. Eingebettet in einen Kreis der Stammesmitglieder oder alleine kommt es dann zu den erwünschten Wirkungen.

Daneben gibt es natürlich auch geistliche Gesänge, die das Volk im Kollektiv singt. Diese dienen eher der Götterverehrung, weniger der Intention, in Trance zu fallen bzw. transzendentale Wirkungen zu erzeugen. *Einer für alle und alle für einen* besitzt eine hohen Stellenwert, der nur zu oft auch das Überleben des Einzelnen garantierte. So waren die Prärie-Indianer während der Bisonjagd aufeinander angewiesen, um erfolgreich genügend Fleisch für den Winter zu gewinnen oder bei Angriffen den Stamm zu verteidigen.

Die Menschheit versuchte seit ihrer Existenz, der harten Realität zu entfliehen. Manche suchten Zwiesprache mit Verstorbenen oder Göttern allein in der Wildnis, andere wiederum suchten vergleichbares im Kollektiv und versetzten sich durch Musik und Bewegung in tranceähnliche Zustände. Teils dienten dazu gegorene Früchte als Hilfsmittel, teils wurde dabei auch nicht auf Drogen verzichtet.

Um transzendentale Wirkungen zu erzeugen benötigt man nicht unbedingt die meditative Sitzhaltung, sondern kann diese auch in entspannter individueller Haltung erreichen. Vielerorts bestehen Möglichkeiten, auf einer Bank, Wiese oder Stein zu sitzen, und zu meditieren.

Aber auch das Zu-sich-selbst-finden, den wahren Menschen, das Ich wieder zu entdecken, stellt viele Personen jeglichen Alters vor eine große Herausforderung: Wer bin ich wirklich? Was passiert mit mir?

Die Unwegsamkeit des Tibetischen Berglandes trug dazu bei, dass uralte Traditionen bewahrt und ohne exogene Einflüsse unverfälscht mündlich weitergegeben wurden. Es werden keine Rhythmen oder Töne notiert, sondern alles wird von Generation zu Generation mündlich weiter gegeben. Dieses Verfahren ist als sog. *oral culture* global weit verbreitet. Diese oral culture ist allen indigenen Völkern zu eigen. Hinzu kommt auch die Verwendung organischen Materials, um daraus Instrumente zu entwickeln. Durch menschliche Knochen Verstorbener wurden Totenkult-Instrumente hergestellt. Holz ist kaum vorzufinden in den Höhenlagen Tibets, sodass dadurch Abhilfe geschaffen werden konnte.

Das in ganz Asien anzutreffende *Om* wird automatisch von vielen Rezipienten, auch diejenigen anderer Kulturkreise, die zum ersten Mal damit frequentiert werden, als tiefgründig, mystisch und angenehm empfunden. Sind es die tiefen Frequenzen, die auf das Zwerchfell und das Gehör wirken? Beim einzelnen Ton klingen die Partialtöne mit, genauso, wie bei einer Sinusschwingung additiv Obertöne hinzugefügt werden, bis der Ton „sitzt".

Durch eine spezielle Atemtechnik sind z. B. tibetische Mönche in der Lage, minutenlang das Om zu halten. Sie atmen durch die Nase, behalten aber ein Potential von Atemluft im Mundraum, sodass der Ton quasi unendlich zu klingen scheint. Der tiefe, sonore Klang wirkt außerdem auf das Zwerchfell und den Unterleib. Je tiefer und intensiver der Klang, desto mehr wirkt er in das Innere eines Rezipienten. Lang ausgehaltene Töne werden als zufriedenstellendes Massieren gewertet, was auch sexuelle Stimulation zu evozieren vermag.

Die tibetischen Mönche betreiben während ihrer Gesänge durch das langanhaltende und tiefe Om eine immanente Suche nach Anbetung und Selbstverwirklichung.

Andere singen sitzend im Tempel ihre tantrischen Melodien, um ihren Gottheiten zu huldigen. Diese Gesänge oder Gebete sind oft auch beim Vorbeigehen von Gläubigen an den Gebetsmühlen zu vernehmen.

Selbst in den tiefen Steppen der Mongolei entwickelte sich ein vergleichbares archaisches Om. Ein nasaler Ton wird durch einen Ton im Rachenraum ergänzt, sodass eine Form von Zweistimmigkeit entsteht. Dabei presst der Sänger die Luft mit großer Anspannung des Zwerchfells heraus, der sog. Stütze, sodass der Klang in der ruhigen Weite der Steppe recht mystisch, fremdartig wirken muss.

Auf alle Fälle gehört langes Üben dazu, derartige Klänge zu produzieren. Das Erlernen besonderer Techniken und Rituale ist oft nur den Schamanen vorbehalten. Diese dienen als Medium zwischen dem Diesseits und dem Jenseits. Bei Unstimmigkeiten innerhalb des Stammes fungierten sie als Mediatoren. Die Schamanen schützen ihr geerbtes und neu erworbenes Wissen und geben es nur an Auserwählte weiter. Damit besitzen sie einen Nimbus, dem auch etwas Elitäres anhaftet.

Ungewohnten, aber besonderen Reiz besitzen auch asiatische, fernöstliche Instrumentalklänge.

Die hinduistisch-religiöse Musik weist z. B. mehr als 5000 Ragas auf. Deren Ausführung ist präzise vorgegeben. So gibt es erotisierend wirkende Ragas, die allen Bevölkerungsschichten Indiens bekannt sind und entsprechende Wirkungen hervorrufen. Das kann nur geschehen, da entsprechende Rezeptionserfahrungen und Dispositionen bestehen.

Die Rezeption von nur einem Ton oder mehreren ostinaten Modellen über einen längeren Zeitraum wirkt für westliche Ohren wahrscheinlich fremd. Erreicht wird eigentlich eine eher gegenteilige Wirkung als bei einem Inder. Das basiert zum einen auf Rezeptionserfahrungen, zum anderen auf den Kulturkreis, in den man hineingeboren wird.

Die indische Musik blieb im Laufe ihrer Entwicklung eigentlich einstimmig. Teils ist oft ein fixer Grundton zu erkennen, um den herum seine Obertöne musiziert werden. Vergleichbar ist das etwa mit dem bordunartigen Klang eines Dudelsacks.

Basierend auf diesem Grundton entstanden später sog. Viertongruppen, die Tetrachorde. Zwei dieser Tetrachorde bilden in unserer Musik schließlich eine Tonleiter bzw. einen Oktavraum aus. In Indien entwickelten sich darüber hinaus noch feinere, differenziertere Skalen, die hier nicht weiter erläutert werden.

Durch Klang zum Selbst beinhaltet neben Naturklängen auch die Verwendung von Instrumenten, um Kontakte mit Geistern herzustellen, Visionen zu erhalten oder Heilkräfte auf Bedürftige transzendiert zu übertragen. Dazu bedienen sich Schamanen Trommeln, Fellklingern, sog. Membranophone, vor allem mit weiten Mensuren, die durch ihre Schwingungen auf die Bauchregion wirken.

Der Bauch wird als Zentrum des Menschen betrachtet. Ebenso ist der Bauch ein Zentrum des Unbewussten, denn die Schwingungen beeinflussen den Körper und führen zu Hormonausschüttungen, welche schließlich an das Gehirn weiter geleitet werden.

Die permanente Frequentierung und das sich Hineinversetzen in die monotone Klangkulisse führen schließlich zur Überwindung der reinen Rezeption. Der Körper reagiert unwillkürlich mit rhythmischen Bewegungen, der Geist erhebt sich losgelöst in andere Sphären.

Der oft monotone Gesang oder isorhythmisch, ostinates Trommeln erscheinen für Außenstehende nervig, unterentwickelt, langweilig, störend und nicht mehr zeitgemäß. Doch daran ist erkennbar, wie weit sich der sog. zivilisierte Mensch vom Ursprünglichen entfernt hat.

Im Uterus erfährt das sich im Mutterleib entwickelnde Embryo den Herzschlag. Ein ostinater, fester, beruhigender Rhythmus, der Sicherheit und Geborgenheit suggeriert, stellt nach der Geburt u. a. die tiefe Beziehung zur Mutter her. Die Uterusfunktion ist ein elementarer Bestandteil des sich entwickelnden Selbst. Es trägt zur Stabilität bei. Vergleichbares bewirken ostinate Klänge von Trommeln bei bestimmten Zeremonien. Damit entsteht bzw. manifestiert sich ein akustisch-kollektiver Sicherheitsrahmen. Das gilt besonders bei Tänzen.

In Algerien leben 25 bis 30 Prozent berber-sprachige Bevölkerungsgruppen, die sich in der arabischen Mehrheitsgesellschaft ihre eigene Traditionen erhalten haben, die auf vorislamische Wurzeln zurückgehen. Hierzu gehören Tänze und Lieder, deren Inhalte um die Themen Feldarbeit, Viehzucht, Liebe, Krieg und den Jahreszyklus der Natur kreisen.

An den meisten Tänze nehmen Frauen teil, jedoch sind Kriegstänze und bekannte Ekstase-Tänze nur für Männer vorgesehen. Beide Geschlechter treten nur in Ausnahmefällen gemeinsam auf. Bestimmte erotische Tanzstile von Berber-Frauen wurden leider verboten und sind mittlerweile in Vergessenheit geraten.

Neben erotischen Tänzen gibt es aber noch Dorftänze, die nur von Mädchen performt werden. Diese sollen für eine gute Ernte, Wohlstand und Kinder sorgen.

Bei den Massai in Ostafrika führen Männer den sog. Sprungtanz vor. Sie springen dabei auf der Stelle so hoch wie möglich, um ihre Manneskraft und Stärke zu demonstrieren. Das ist bei indigenen Völkern auch wichtig, um das Überleben des Clans bzw. der Sippe zu ermöglichen.

Somit ergibt sich ein mehrkanaliges Übertragungssystem, das bei Bedarf noch durch visuelle Komponenten erweitert werden kann.

Insgesamt bewirkt das in sich geschlossene Konglomerat von Meditation-Klang-Bewegung beim Individuum Ausgeglichenheit, Zufriedenheit, mehr Gesundheit und damit auch eine positive Ausstrahlung auf die Umwelt.

3. Atmung

Wenn während der Geburt der Säugling das Licht der Welt erblickt, begrüßt er es mit einem tiefgründigen Schreien: Ich bin da! Das richtige Atmen ist ihm angeboren.

Im Laufe der Entwicklung wird dieses leider vernachlässigt. Durch stundenlanges Sitzen wird die Lunge zu weniger intensiven Atemzügen genötigt. Der mit kleinem Bäuchlein versehene Teenager zieht diesen ein, wenn ein attraktives Pendant erscheint. Beim Einatmen in der Sportgruppe sehe ich immer wieder, wie der Bauch eingezogen wird, um Schlankheit zu zeigen.

Im zunehmend beliebten asiatischen Kampfkünsten oder Chören wird das richtige Atmen „wieder-" erlernt. Durch Nase oder Mund wird der Odem des Lebens eingeatmet. Dabei bewegt sich das Zwerchfell nach unten, die Lunge füllt sich, der Bauch bewegt sich nach vorn. Es ist darauf zu achten, sich nicht vollzupumpen, sondern genauso viel aufzunehmen, bis ein Wohlfühl-Effekt entsteht.

Im Kampfsport wird im sog. Hara, der Körpermitte, Luft gespeichert, um sie explosionsartig beim Treffer oder Gegenschlag mit Kiap (Kampfschrei) entweichen zu lassen. Diese Technik ist dazu geeignet, das Lungenvolumen zu erhöhen.

In einigen psychologischen Strömungen wird das intrinsische, einfache und laute Schreien als Befreiung, sog. Katharsis, betrachtet. Deswegen helfen u. a. verschiedene Kampfkünste, sich in der Gewalt zu haben, Stress und Aggressionen abzubauen.

Im Hatha-Yoga besitzt das Atmen dominante Funktion:
„Atem heißt Leben, und ohne Atem ist kein Leben. Nicht nur die höheren Tiere sind zur Erhaltung von Leben und Gesundheit auf das Atmen angewiesen, auch die niederen Formen animalischen Lebens müssen atmen, um zu leben.

Das Atmen kann als die wichtigste von allen körperlichen Funktionen angesehen werden. Der Mensch kann eine Zeit leben ohne zu essen, kürzer schon ohne zu trinken; aber ohne zu atmen ist seine Existenz höchstens auf ein paar Minuten bemessen.

Das Leben hängt aber nicht allein vom Atmen ab, sondern die richtige Weise zu atmen ist für dauernde Gesundheit und Vitalität ausschlaggebend. Eine intelligente Kontrolle unserer Atemkraft wird unsere Erdentage verlängern, indem sie uns erhöhte Lebenskraft und Widerstandsfähigkeit verleiht.

Während der Corona-Pandemie hilft sie außerdem beim Atmen während des Tragens einer Maske.

Außer diesen physischen Segnungen kann der Mensch durch die »Wissenschaft des Atmens« seine mentale Kraft, sein Glück, seine Selbstkontrolle, seinen Erfolg und sogar sein spirituelles Wachstum vermehren."[1]

Insgesamt werden Gesundheit und Wohlbefinden durch die zunehmend höhere Sauerstoffzufuhr verbessert.

---

1   https://www.projekt-gutenberg.org/wilke/hathayog/chap003.html

4. Fusion

Aus der westlichen Perspektive heraus wirken indigene rhythmische Modelle beim ersten Hören primitiv, simpel, vielleicht sogar lächerlich. Exotische Klänge faszinieren jedoch auch zunehmend Komponisten. Diese konstruierten in ihren Werken klangliche Abbilder davon, um eine Art *akustisch-integrativen Melting Pot* zu erzeugen.

Auf der Suche nach kreativer Inspiration fanden Komponisten in außereuropäischer Musik eine neue Muse. Nach dem Motto West meets East fand eine Akkulturation von Musikelementen statt, deren Gelingen von individuellen Erwägungen abhängt. Sehr oft war es kompositorisch auch nur ein Kopieren statt ein Fusionieren.

Während der Psychedelic-Ära wurden exotische Musik und auch fernöstliche Kleidung als Antipol zum westlichen Establishment betrachtet. Entwicklungsbedingtes, sozio-ökonomisches und politisches Anderssein führte zu einer Abkehr konventioneller Musikrezeption.

Im Psychedelic versuchte man mittels Drogen, Musik, individuellen Tanzbewegungen, Licht-Effekten und Ikonografie bewusstseinserweiternde Zustände zu erreichen. Ein gewisser Flow sollte entstehen. Cannabis, LSD, Marihuana, Heroin, Amphetamine und diverse Alkoholika wurden ausprobiert, um das Ich in neue Dimensionen zu entführen. Alles wurde dazu verwendet, Hauptsache, es war gegen die Erwachsenenwelt gerichtet.

Diese Synergie-Effekte oder auch Synästhesie stellen ein Rezeptions- und Wirkungskonglomerat dar, welches multidimensional Individuen beeinflusst. So kam es natürlich auch zu nicht intendierten oder unerwünschten Wirkungen und Erfahrungen. Im

Unterbewusstsein versteckte Verhaltensmuster traten zu Tage: Aggressionen, Depressionen, Glücksgefühle, alles mögliche an psychisch Vorstellbarem war zu verzeichnen. Nur selten gelang das, was erhofft wurde: ein bewusstseinserweiternder Zustand gepaart mit Ausgeglichenheit, Glück und Zufriedenheit.

Alexander Skrjabin konstruierte eine Tonleiter, die mit orientalischen Skalen vergleichbar ist. Aber auch in Maurice Ravel´s *Bolero* werden durch monotone, sich ständig wiederholende Motive meditative Wirkungen intendiert. Olivier Messiaen verwendete im Orgelwerk *Les Corps Glorieux* indische Ragas und Rhythmen.

Steve Reich´s *Drumming* lebt durch den sukzessiven Aufbau ostinater Muster. Das ca. 90-Minuten dauernde Stück verführt durch sein Werden den Rezipienten zum Mitvollziehen, zum Mit-Komponisten. Dieser emanzipatorische Ansatz bezeichnet eine Gesellschaftsentwicklung, um Kunst zum Individuum zu bringen und umgekehrt.

Frederic Czewski hat in *Les Moutons de Panurge* vergleichbares geschaffen, in dem er zunächst nur einen Ton spielen lässt. Dieser erste Ton ist zu wiederholen und der zweite wird hinzufügt. Dann werden die ersten beiden wiederholt und der dritte kommt hinzu usw.

Der Jazz-Musiker Tony Scott musizierte mit traditionellen japanischen Musikern und ihren Instrumenten.

Die Beatles machten indische Musik populär, als sie ihre Affinität zu einem indischen Guru entdeckten. George Harrison erlernte bei Ravi Shankar sogar das Sitar-Spielen. 1965 steuerte er für das Lied *Norwegian Wood* eigene Sitar-Passagen bei.

John Lennon hingegen wendete sich der hinduistischen Religion zu. Neben der spirituellen Zuwendung soll er auch versucht haben, transzendentale Wirkungen durch LSD-Konsum zu erreichen. 1966 komponierte er in dem Zusammenhang den Song *Tomorrow Never Knows*, in dem sich angeblich Erfahrungen eines LSD-Trips widerspiegeln sollen.

Anfang 1968 besuchten die Beatles den Guru Maharishi Mahesh Yogi in der Stadt Rishikesh in Nordindien. Obwohl der Reise spirituell nichts ab zu gewinnen war, erwies sie sich als künstlerisch produktiv: Es entstanden 20 Songs für das neue „White Album".

Auch der Gitarrist Carlos Santana interpretierte Abschnitte indischer Meditationsmusik, um transzendentale Sphären zu erreichen. Angeblich gelang ihm das, evtl. auch mit Hilfe entsprechender Drogen...

Drogenkonsum wurde verherrlicht, bis der Tod von Jimi Hendrix und Janis Joplin die Musikwelt erschütterte. Eine Überdosis hatte sie zerstört. Folglich entstanden Anti-Drogen-Songs, wie z. B. *Sister Morphine* von den Rolling Stones. Im Song *Mother's little helper* thematisieren sie den Medikamentenmissbrauch einer Frau, die ohne Valium ihren Alltag nicht mehr gestalten kann.

Pink Floyd sprangen auch auf den Zug der Far-out-Musik und konstruierten exotisch-mystische Klangwelten. Doch wussten sie, was unter Meditation zu verstehen ist?

Im Vordergrund stand für alle angeführten Beispiele unterschiedlicher Genres die fremdartige, ungewohnte, exotische Klangwelt. Diese versuchten sie, in ihr Musikempfinden zu integrieren bzw. ihre Musik dem anzupassen. Auf der Suche nach neuen Ideen kam die indigene Musik gerade recht. Eine Form von Ethno-Pop-Welle entstand, was sich gut verkaufen ließ. Live jedoch gab es Probleme, denn meditative Musik ist in Konzertsälen oder großen Live-Bühnen mit entsprechendem Publikum kaum vermittelbar.

Die Intentionen indigener Musik evozieren durch das ständige Wiederholen und das Sich-Einlassen eines Rezipienten ein Involvement, das hypnotisierende Auswirkung haben kann. Dabei darf allerdings kein Rhythmus oder Ton aus dem Modell herausstechen, denn dadurch wird der Rezipient in die Realität zurück geholt. Darin liegt aber die Gefahr der akustischen Integration, denn dadurch kann es zu Schmelzklängen, Clustern oder Dissonanzen kommen. Die Aufmerksamkeit gegenüber dem Pik verführt zum Nachdenken, und damit wirkt es kontraproduktiv bzgl. einer transzendentalen Meditation.

Einige Musiker und Komponisten besannen sich wieder auf ihre historischen und archischen Wurzeln, z. B. die Musik der Griechen. Deren Musik der Antike orientierte sich an den Sphären der Sterne, der Unendlichkeit der Welten. Der Kosmos unterlag einer höheren Ordnung, gottgegeben, mythisch, nicht fassbar. Und trotzdem versuchten die alten Griechen ein Ordnungsprinzip, Erklärungen für das unendlich Mystische, aber immer Wiederkehrende zu finden.

Der Mathematiker Pythagoras stellte den Abstand der Erde zur Sonne als Oktave dar. Die Sonne steht im Zentrum. Dem-entsprechend verlaufen die Planetenbahnen um dieses Zentrum. Durch die Erkenntnis, dass Planeten sich um die Sonne bewegen, wurde das heliozentrische Weltbild durch Johannes Kepler erforscht. Damit wurde das geozentrische Weltbild abgelöst.

Der Engländer Gustav Holst komponierte bereits 1914-1916 für jeden Planeten unseres Sonnensystems eine Orchestersuite: *The Planets* oder auch *The Planets Suite.* Jeder Planet ist nach einer römischen Gottheit benannt. Dieses spätromantische Werk verfügt als sog. Programmmusik über imposante Klangeffekte, die den Zuhörer entsprechend stark emotional beeinflussen. Es erklingt kein Text oder Gesang, sondern erreicht die Musik ihren Zweck durch eigene Mittel: Klangfarbe, Tempo,

Taktart, Tongeschlecht, Dynamik, Rhythmik, Melodik... Die Planeten und ihre Umlaufbahnen bilden dazu den außermusikalischen Gehalt, das Sujet.

Diese sphärischen Bewegungen der Planeten übertrugen Mathematiker in der Antike bereits auf die Musik. Daraus ergaben sich Intervallabstände wie Oktave-Quinte-Quarte-große Terz-kleine Terz etc., das Partial- oder Obertonspektrum. Dieses Naturgesetz wirkt sich auf die menschliche Psyche aus in Form der Konsonanz, des harmonisch wirkenden, zusammengehörenden Klanges. Eine einzelne Sinusschwingung wirkt matt, dumpf, trübe. Wird sie aber mit Obertönen angereichert, ergibt sich ein warmer, klarer, heller Klang.

Derartige Möglichkeiten, Obertöne individuell zu ergänzen, macht sich z. B. der Synthesizer mit der additiven Klangsynthese zu nutze. Dabei sind allerdings aufgrund der Hörphysiognomie ab einer bestimmten Frequenz diese nicht mehr wahrnehmbar. Die CD-Qualität besitzt ein Spektrum von bis zu 40 000 Hertz, hingegen hört ein Mensch zwischen 12 und 18 000. Das überdimensionierte Partialtonspektrum lässt den Klang optimaler, perfekt erscheinen. Doch wird das so gewünscht?

Die Schallplatte erlebt eine Renaissance. Viele Bands veröffentlichen neben CDs und DVDs auch LPs.

Das Knacken des Vinyls wird als natürlich empfunden. Das kann zum einen daran liegen, dass Erinnerungen mit der alten Technik zusammenhängen, zum anderen kann die Affinität dazu bedeuten, dass der zu perfekte Klang eher steril oder befremdend wirkt und Defizite im Klang humaner und natürlicher erscheinen.

Tan Dun setzt auf Kommunikation zwischen Kulturen und Natur. In seiner „Ghost Opera for String Quartet and Pipa with Water, Stone, Paper and Metal" verwendet er von Johann Sebastian den Anfang des cis-Moll Praeludiums, ein chinesisches Volkslied „Little Cabbage" sowie uralte schamanistische Geschichten.

Die menschliche Spiritualität geht im Sog der Technisierung und Verstädterung der

Gesellschaft verloren, und damit das Ursprüngliche!

Diese Weltkulturerbe will Tan Dun reaktivieren. Einmal mehr erscheint West meets East. Im Zusammenhang mit Tanz, Klangschalen, Naturelementen und Oberton-gesang verbinden sich Vergangenheit, Gegenwart und Zukunft. Nicht das sog. ästhetisch Schöne steht im Vordergrund, sondern die individuelle und elementare Ausgestaltung, gesteuert durch subjektives und natürliches Empfinden. Ob diese Fusion dieser differenten Kulturkreise und Musikepochen gelungen ist oder nicht liegt im Auge des Betrachters.

Die Vielfältigkeit von Musikstilen birgt in unserer Industriewelt eine weitere Gefahr: die GEMA. Diese Gesellschaft für musikalische Aufführungs- und mechanische Vervielfältigungsrechte ordnet abstrakt in U- und E-Musik ein. Dadurch erhalten Komponisten ihre Tantiemen. Die Unterhaltungsmusik umfasst populäre und kom-merzielle Musikrichtungen wie Pop, Rock, Schlager und Volksmusik. Johann Strauss soll angeblich den Begriff zum ersten Mal für Tanz- und Ballmusik verwendet haben. E-Musik steht für die ernste Musik, sog. Kunst- oder Klassische Musik. Wenn z. B. eine Oper im Bierkarten zur Zerstreuung uraufgeführt wurde, kam sie in die Kate-gorie U. Erklang der Walzer im Konzertsaal, erhielt er eine E-Einstufung.

Diese Einordnung ist jedoch problematisch, denn sie wirkt subjektiv und basiert auf tradierten Paradigmen. Die Musikentwicklung ist jeweils im historischen Kontext zu sehen. Begriffe und Zuordnungen wandeln sich im Laufe der Zeit. Es wird nicht be-rücksichtigt, welche Funktion Musik für ein Individuum einnimmt bzw. welche sie ihm zuordnet. So könnte die epidemische Toccata von Johann Sebastian Bach für den einen oder anderen eine unterhaltsame Funktion besitzen. Für Puristen stellt sie eine artifiziell und strukturell hochentwickelte Komposition barocker Orgelkunst dar. Wie dem auch sei, das Individuum entscheidet, welche psycho-emotionale Bedeutung der

Musik zukommt. Die individuelle Entscheidungsfreiheit muss doch im Vordergrund stehen und nicht bürokratische Mechanismen, die Rezeption in ökonomische Schubladen einordnen.

5. Medizin-Klänge

„Der Rhythmus reißt mich mit." Diese Feststellung hört man immer wieder, sei es auf Konzerten, Proben, egozentrierter Rezeption etc. So beeinflussen gewisse Rhythmusstrukturen nicht nur das Zwerchfell, sondern auch den Blutdruck. Hektisches Trommeln isorhythmischer Modelle vermag ekstatische Wirkungen hervorzurufen, die bis zur Transzendenz führen mögen. Nur allzu oft jedoch werden spontane Bewegungen von Rezipienten unterbunden, weil sie gesellschaftlich verpönt bzw. die Empfänger zu verkopft sind, steif wirken. Gesellschaftliche Rahmenbedingungen bzw. die Entwicklung und Definition der sog. E-Musik lassen ein ursprünglich angeborenes motorisches Bedürfnis nicht zu: Headbangen zu Beethoven´s fünfter Sinfonie?

Kinder bzw. Jugendliche sind in der Hinsicht noch nicht soweit verkopft und lassen sich eher mitreißen. Und eben dieses unbekümmerte sich Fallenlassen ist vielen Menschen abhanden gekommen. Mit Neid beobachtet das gehetzte, gestresste Individuum die Gelösten. Bei ihm dominiert wahrscheinlich eine distanzierte Rezeptionshaltung, die evtl. auch noch snobistisch mit einem Glas Rotwein am Kaminfeuer besetzt ist.

Doch ist das vielfach nur Fassade, die dankbar sein kann, wenn sie akustisch aufgebrochen wird.

Nicht umsonst entdeckte man die meditative Musik für den Bereich der Musiktherapie oder Reha. Durch negative Ist-Zustände besteht das Bedürfnis, einen positiven Soll-Zustand bzw. kathartische Wirkung zu erreichen. Das Individuum wird durch ein Reizereignis, dem Stressor, auf unterschiedlichen Ebenen seiner Auffassung nach negativ beeinflusst. Adrenalin und Noradrenalin werden ausgeschüttet. Das führt zu An- und Verspannungen, Bluthochdruck. Unwohlsein ist die Folge. Die häufige Frequentierung mit derartigen negativen Einflussfaktoren führt zu Krankheiten psychischer und physischer Art. Das Gedächtnis speichert die negativen Reize, um beim kleinsten

Erkennen derselben Abwehrreaktionen aufzubauen. Im Extremfall bilden sich individuelle Verhaltensmuster aus, die zu psychosomatischen Störungen führen können. Demzufolge ist eine Gegenkonditionierung nötig.

Dabei kann zum einen auf Rezeptionserfahrungen zurückgegriffen werden, mit denen dieses befriedigend erreicht wurde. Daneben entwickeln sich auch farbsynästhetische Effekte. Diese sind dann in der Rezeptionsdisposition des akustischen oder audiovisuellen Lebensinventars gespeichert. Zum anderen werden in Therapie-Sitzungen Individuen mit Neuem konfrontiert und verankern bei positiven Wirkungen diese in ihr Erfahrungsrepertoire. Ebenso ist es möglich, dass durch trial and error, also Versuch und Irrtum, ein Individuum zufällig durch akustische oder audiovisuelle Frequentierung konditioniert wird bzw. sich selbst gegen konditionierte.

Das Gedächtnis speichert diese Erfahrungen, um sie bei Bedarf später zu reproduzieren. Dazu benötigt es einen Reiz, der im Gedächtnis zur Enkodierung führt. Das Erlernte wird also abgerufen, um Wohlbefinden zu erzeugen. Durch positives Denken bzw. Assoziieren werden Glückshormone freigesetzt, wie z. B. Serotonin, welche die Höhe der sog. Fluchthormone wie Adrenalin und Noradrenalin herabsetzen bzw. deren Wirkung verringern. Dadurch reguliert sich auch der Blutdruck, die Person „kommt ′runter".

Das sog. Biofeedback stellt dabei einen Faktor dar, betroffenen Individuen unbewusst ablaufende Prozesse im Körper bewusst zu machen. Es findet ein entdeckendes, forschendes Hören nach Innen statt. Doch ist diese nach innen gerichtete Schau eine Schwelle, die erst wieder erlernt werden muss. Dieses Verhalten ist durch den sog. Nutzen-Belohnungsansatz (Uses-and-Gratifications-Theorie) erlernbar. Diese Theorie setzt auf einen mündigen und aktiven Medienrezipienten, der durch die gezielte Auswahl bestimmter Medien seine Bedürfnisse beeinflusst. Wissen um seine

Psyche erfährt hier einmal mehr die Bestätigung, dass Selbsthilfe mit Einschränkungen oft möglich ist.

Stressgeplagte Manager z. B. müssen oder besser sollten diese Möglichkeit u. a. nach einem Herzinfarkt wieder erlernen.

Entspannung durch Meditation ist in allen Völkern bekannt. In unserer tertiärisierten, digitalen Welt haben sich mehrere Praktiken durchgesetzt, wie z. B. Autogenes Training, Progressive Muskelentspannung, Hypnose oder Yoga.

Yoga Tribal aus Südamerika z. B. besinnt sich auf Naturgesetze. Die Übungen finden unter freiem Himmel statt. Im Kreise unter Gleichgesinnten gemeinsam ausführend verbinden Sie sich wieder mit der sie umgebenden Natur. Dieser Tribalismus beziehungsweise Stammesbildung weist auf eine verstärkte Orientierung fast vergessener Rituale und Kulte hin. Das Gemeinsame bewirkt eine Uterus-Funktion, eine tribale Sicherheit, innerhalb derer das Individuum aufgehoben scheint. Aufzeichnungen fehlen oft, da diese Techniken und Kenntnisse auch heute noch nur mündlich weitergegeben werden (s. o.: Oral culture).

Der Begriff Tribal kommt nicht von ungefähr, denn zunehmende Abholzung der Regenwälder beraubt nicht nur Flora und Fauna ihrer Heimat. Die Biodiversität nimmt ab und damit organische Vielfältigkeit.

Dem Menschen gehen neben der Artenvielfalt Kenntnisse über Naturmedizin verloren. Darüber hinaus sind die Regenwälder bzw. überhaupt Vegetation und Gewässer CO_2-Fallen. Sie entnehmen der Luft Kohlendioxyd sowie andere Schadstoffe und wandeln diese in Sauerstoff um.

Emissionen belasten Mensch und Umwelt. Sie lagern sich im Organismus an und tragen damit zu diversen Erkrankungen bei. Diese Schadstoffe können durch Ernährungsumstellung, Fasten und ein Besinnen auf die Natur reinigende Wirkung besitzen. Atmung, Bewegungen und freier Geist läutern den Körper.

Pacha Magda ist eine esoterische Sängerin, die in die Höhenschwingungen eingetreten ist. Diese Medizin-Musik basiert auf der Beeinflussung durch Verstorbene des Stammes. Die Ahnenweisheit der indigenen Gemeinschaften werden genutzt, um mittels Tanz und Gesang bzw. Klang Krankheiten oder Gemütszustände zu überwinden. Entsprechend ist die Sängerin bemalt bzw. tätowiert und bewegt sich sehr intrinsisch motiviert zu den Rhythmen.

Mit ihren individuellen Einzeltänzen und auf den Körper gemalte archaische Symbole suggeriert sie die Verknüpfung von Mensch und Natur. Beides gehört zusammen.

Körper und Seele zu reinigen bilden die Grundlagen dieser Paganismus-Orientierung. Verlorene Grundwerte wie Ehrlichkeit, Bescheidenheit, Geduld, Selbstdisziplin, Gerechtigkeit und Unermüdlichkeit sollen eine Renaissance erleben, in dem sie in dieser tribalen Orientierung wieder gelebt werden.

Der Mensch hat die Verbundenheit und Identifikation mit der Natur verloren. Aber ohne sie wird er krank. Vermehrt wenden sich vor allem jüngere Menschen deswegen diesen Strömungen zu. Sie haben erkannt, dass die Natur der Lebensspender ist, der als allzu selbstverständlich betrachtet wird. *Die Natur braucht uns nicht, wir aber die Natur!*

Kinder, Jugendliche und Erwachsene engagieren sich in der Fridays For Future-Bewegung. Ihr Klima-Aktionismus findet weltweit durch führende Wissenschaftler Unterstützung. Leider gibt es aber auch Menschen, die der nachgewiesenen Tatsache nicht glauben schenken mögen, sei es aus mangelnder Intellektualität oder Selbstschutz, dass man deswegen sein Leben ändern müsste. Aber Besserwisser und Informationslegastheniker gab es schon immer und wird es immer geben.

Deswegen resignieren aber nicht die Aktivisten und setzen unbeirrt ihren Kampf fort. Dabei kann doch jeder Einzelne etwas zur Klimaverbesserung beitragen.

Im Nada Yoga z. B. versucht man durch Klang zum Selbst zu finden. „„Nada" kommt aus dem Sanskrit und bedeutet Ton oder Klang."[2] Es geht hierbei nicht um Musikmachen. Man lauscht vielmehr einem Klang, der aus der Natur gewonnen wird, um zum inneren Selbst zu finden.

Im Yoga De la Tierra stellen Übungen das Bestreben dar, „jeden Tag ein bisschen besser zu leben..."[3] Durch das Üben von Techniken in der freien Natur, wie z. B. Dehn- und Atemübungen wird der Geist involviert und entspannt den Körper. Der lebensnotwendige Atem durchfließt den Körper, beruhigt, stählt und reinigt ihn.
Die uns umgebende Natur hält uns alle Lebensnotwendigkeiten vor. „Wir müssen uns reinigen. Vertreibe durch Ausatmen all jene Emotionen."[4] Durch diese Einstellung werden auch der individuelle ökologische Fußabdruck und Wasserabdruck verbessert, wovon wiederum die Allgemeinheit profitiert.

Hinzu kommt die eskalierende Lärm- bzw. Klangverschmutzung in der westlichen Gesellschaft.

Lärm ist nahezu überall – und er hat offenbar größere Auswirkungen als bisher angenommen: Viele Tierspezies sind betroffen. Deren Hör- und Orientierungsorgane werden geschädigt. Die permanente Lärmfrequentierung stört darüber hinaus das

---

2 https://www.yogaeasy.de/artikel/nada-yoga-die-heilende-kraft-des-klangs
3 Übersetzung nach: #respiracionconsciente #inhalaexhala #aquiyahora #yogasana
   #yogapractice #yogalife #yogainspiracion #organico #fluidsoul #naturaleza
4 Übersetzung nach ebd.

Kommunikations- und Fortpflanzungsverhalten von Meeresbewohnern.

Die Folgen des Lärms führen auch zu körperlichen Beeinträchtigungen oder Verhaltensänderungen. Schließlich kann sogar der Tod eintreten.

Aber auch Menschen leiden zunehmend unter Lärmverschmutzung. Herz-Kreislauf-Erkrankungen, Tinnitus oder Schlafprobleme und Depressionen sind die Folge. Durch Behandlungen und Reha-Maßnahmen steigen die Gesundheitskosten, was wiederum die ganze Gesellschaft belastet.

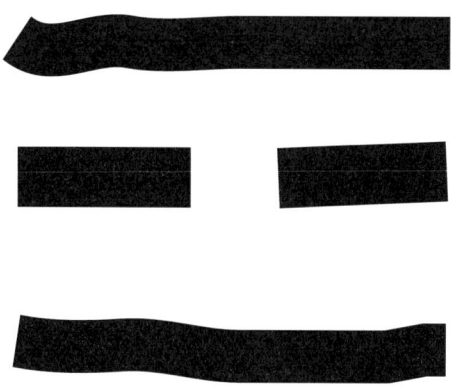

6. Naturphänomene

In unserer Troposphäre findet das Wettergeschehen statt. Durch Sonneneinstrahlung wird die bodennahe Schicht der Erdoberfläche erwärmt, dehnt sich aus, und unsichtbarer Wasserdampf steigt mit der erwärmten Luft auf. Mit zunehmender Höhe kühlt sich die Luft wieder ab. Durch die Kondensation wandeln sich die gasförmigen Wassermoleküle zu flüssigen Wasser um. Viele Millionen von Wassertröpfchen bilden schließlich Wolken aus. Dadurch entstehen je nach Temperatur, Feuchtigkeit, Luftbewegung und Höhe unterschiedliche Wolkenformen. Hier sollen drei prägnante Formen dargestellt werden.

Die sog. Schönwetterwolken werden als Federwolken (Cirrus) oder Schäfchenwolken (Cirrocumulus) bezeichnet. Sie treten verteilt auf und wirken verspielt, angenehm. Schichtwolken (Stratus) erscheinen großflächig und bedecken zusammenhängend große Flächen des Himmels. Die sich bedrohlich auftürmenden Wolken (Cumulus) bringen oft Gewitter.

Was während eines Gewitters präzise in den Wolken passiert ist nicht ausreichend erforscht. Die gigantische Elektrizität, die als knisternder Blitze zu erkennen ist, sowie der darauffolgende Knall wirken majestätisch und auch bedrohlich. Der Donnergott Thor wurde neben anderen Göttern damit assoziiert. Aber auch andere mystische Erscheinungen werden in Gewitter hinein interpretiert:

„Ein **Elmsfeuer** (*Sankt-Elms-Feuer*, *Eliasfeuer*) ist eine seltene, durch elektrische Ladungen hervorgerufene Lichterscheinung (...). Es ist nach dem heiliggesprochenen Bischof Erasmus von Antiochia (ca. 240–303, italienisch *Elmo*) benannt, den Seeleute früherer Zeiten anriefen, wenn sie durch einen Sturm in Not gerieten."[5]

---

5 https://de.wikipedia.org/wiki/Elmsfeuer

Häufig ist der Himmel auch wolkenlos und verführt zu Spaziergängen, Ausflügen oder einfach nur zur sinnlichen Muße, die Luft zu genießen.

Über den Wolken wohnen die Götter. Germanen, Wikinger, Griechen etc. sehen dort droben die Welt der Herrschenden, die sich mal gnädig zeigen und es rechtzeitig während der Wachstumsphase regnen lassen oder erzürnt, was sie durch sintflutartige Wassermassen zu erkennen geben.

Aber auch Unerklärbares, Unheimliches, für Menschen nicht Fassbares wird mit Wolken assoziiert. Durch ihre multiplen Formen und Farben wirken sie geheimnisvoll, so, als würden die Götter etwas verschleiern, verbergen wollen.

Druckunterschiede zwischen Hoch- und Tiefdruck werden ausgeglichen. Bemerkbar sind diese Bewegungen als Wind. Je größer die Druckunterschiede, desto stärker weht der Wind. Dementsprechend bewegt er die Wolkenformen. Sie driften auseinander, stoßen zusammen, werden nach oben bewegt... So ist durch die Zirkulation alles in Bewegung, nichts ist beständig.

Winde interpretieren Schamanen als Odem eines Gottes oder als Kontakte mit Verstorbenen. Doch stehen Windbewegungen nicht nur für Kommunikation mit dem Jenseits, sondern bedeuten auch Vergänglichkeit oder Zukunft. Etwas Übles wird hinweg geweht. Ein Wechsel der Windrichtung impliziert einen Neuanfang sowie Katharsis.

„Heiliger Hauch, der Kraft und Leben schenkt.
Der Wind bringt uns Lebendigkeit, aus dem Herzen des Himmels und der Erde, um uns mit guten Energien zu hüllen und diejenigen zu entfernen, die uns etwas Böses antun können.

Du bist dieser sanfte und ruhige Hauch, der unseren Körper, Geist, Geist und Emotionen reinigt und uns in wärmere und ruhigere Staaten stürzt, um eine für unser

Sein geeignetere Umgebung zu erreichen."[6]

Die ganze Welt ist voller Klang, Schallwellen, Töne. Die Quelle lässt einen Bach entstehen, dessen Plätschern Lebendigkeit suggeriert. Der Wind spielt mit dem Geäst der Bäume, sodass ihre Bewegungen uns ihr Empfinden mitteilen. Bäume kommunizieren miteinander, so wie sich die gesamte Flora und Fauna austauscht. Alles ist Eins, eines kann nicht ohne das andere sein. Das ist die uns umgebende Natur, die wir zum Überleben benötigen. Aber sie braucht den Menschen nicht, der voller Bewusstsein seinen eigenen Lebensraum zerstört. Der Löwe jagt seine Beute und frisst sich satt. Die evtl. künftigen Beutetiere spüren dieses und gehen beruhigt an ihm vorüber. Er tut ihnen auch nichts, denn er weiß, dass er irgendwann wieder Hunger haben wird. Der Mensch schießt Wild, um sich zu ernähren und zu bereichern, z. B. mit Elfenbein. Daneben schießt er auch noch aus Spaß an der Freud, um Trophäen oder ähnliches zu erwerben. Man muss zu Hause ja demonstrieren, dass man Jagen war. Und was ist man doch für ein toller, harter Kerl, wenn aus einem gesicherten Versteck heraus oder aus weiter Entfernung etwas geschossen wurde.

Die indigene Bevölkerung lebt im Einklang mit der Natur, Sie entnimmt ihr nur soviel, wie sie zum Leben benötigt. Auch die Flora wird nicht konsumorientiert abgeholzt. Ebenso wird Wasser nicht verschwendet oder in Stauseen eingesperrt, denn Wasser muss sich bewegen. Es ist Lebenselixier. Durch Bewegung nimmt es Sauerstoff und Schadstoffe auf. Flora und Fauna sowie Bewegung reinigen das Nass. Stehende Gewässer aber riechen irgendwann muffig und tot.

Der Mensch kann tage- oder sogar wochenlang ohne Nahrungsaufnahme überleben, ohne Wasser jedoch nur einige Tage.

Genauso verhält es sich mit dem globalen Wasserhaushalt. Nicht nur in der Luft be-

---

6 Übersetzung nach: #PachaMagdaMusic, #EarthWomen, #MedicineMusic, #ArteAncestral, #Pachamama, #HonraPachamama, #MedicinaAncestral, #ProtecciónPachamama

findet sich Feuchtigkeit, sondern sie zeigt sich auch in Form von Niederschlag, Nebel, Schnee, und sammelt sich in Bächen, Flüssen, Seen, Grundwasser, Meere.

Wasser gehört wie Erde, Luft und Feuer zu den vier Elementen. Es gehört aber auch zu den Wetter- und Klimaelementen. Flora und Fauna benötigen es, um zu existieren. Die uns umgebende Vegetation ist wie alle Lebewesen vom Wasser abhängig. Neben üppigem Wuchs in Wäldern gibt es genauso vegetationsarme Gebiete.

Alles hat seinen Reiz. Flora und Fauna werden in den Vegetations- und Klimazonen durch die Wetterelemente beeinflusst. Speisen und Getränke werden mit Wasser zubereitet. Des Weiteren dient es neben der körperlichen auch der spirituellen Reinigung. In den Religionen finden sich Rituale, die mit Wasser zusammen hängen, z. B. die Taufe im Christentum. Doch zu viel des Guten erzeugt Ungutes, wie z. B. Tsunamis oder Überschwemmungen durch Monsun-Niederschläge.

Nach Auffassung indigener Völker sind in dem Zusammenhang die Götter erzürnt und müssen wieder besänftigt werden.

7. Wolken-Klang

Wind, Wasser, Vegetation sind mit allen Sinnen wahrnehmbar. Wie ist es aber mit Wolken? Die interessanten Formationen oder Solo-Wolken, die nie gleich aussehen, scheinen sang- und klanglos über uns hinwegzuziehen. Doch Assoziationen, Wunschbilder und Geschichten scheinen mit ihnen zu ziehen. Wer hat denn noch nie in eine Wolkenformation ein Gebilde hinein interpretiert. Die Wolke sieht aus wie ein Pferdekopf, jene wie ein Raumschiff... Wieso sollten sie nicht auch in uns Menschen Klänge evozieren, die unser Inneres damit verbindet? Klang kann ja nicht nur physisch auf ein Ohr treffen. Es gibt doch auch ein inneres Klanggeschehen.

Durch das sog. eidetische Gedächtnis ist es möglich, gespeicherte Bilder, Klänge, Szenarien etc. zu enkodieren. Mit geschlossenen Augen ziehen Dinge vorbei, die das innere Auge reproduziert. Wem ist es noch nicht passiert, dass man bei der Betrachtung eines Fotos immanent meint, Musik zu hören? Die multiplen Speichermöglichkeiten schaffen mitunter untereinander Konnexionen, die einzeln so wahrscheinlich nicht vorkommen können.

Melodien, Motive, Klänge entstehen in der Gedankenwelt jedes Einzelnen. Nicht nur, dass man sie teils mitsummt, teils bleiben sie als Klanggebilde in der Vorstellung. Doch ist da oben in 10 Kilometern Stille? Dort befinden sich Wind, Elektrizität der Gewitter, Nordlichter...

Welche Klänge rufen Wolkenbewegungen in einigen Kilometern Höhe hervor? Sie sind weit entfernt und scheinen doch so nah. Dementsprechend ist es denkbar, dass bei der Betrachtung von vorüberziehenden Wolken immanent Klänge oder Melodien geweckt werden. Das Innere scheint sich mit den Wolken zu verknüpfen und mit zu bewegen.

Eine Symphonie der Natur erklingt. Alles Erdenkliche, Geniale, Unvorstellbare, Unfassbare, was kompositorisch möglich ist, wird präsentiert. Die Natur hält alles bereit und ist der beste Komponist.

8. Wolken-Meditation

Die wichtigsten Dinge in unserem Leben scheinen Konsum, Hektik, Stress und Reiz-überflutung zu sein. Die Menschen suchen nach gesellschaftlicher Achtung und vor allem Beachtung, was wiederum auch ein Demonstrationssymbol darstellt:
„Ich muss zum teuren Psychologen/Therapeuten/Fitnesscenter/Yoga-Kurs..."

Auch das alles muss man sich leisten können. Dabei ist Elementares, Sinnvolles, Selbstverständliches gratis zu bekommen, nämlich sehen, hören, schmecken, fühlen und atmen. Das alles geschieht um uns herum und darf einfach genutzt werden. Die Natur hält das alles bereit. Wasser, Luft, Flora und Fauna gehören zum Lebensum-feld, das jedem gehört. Das bedeutet allerdings nicht, dass ich ein Privatgrundstück betreten darf und mich dort am Rande des Pools zum Sonnen hinlege. Vielmehr kann ohne nennenswerten monetären Aufwand Entspannung möglich sein. Es ist die innere Überzeugung eines jeden selbst, das Notwendige zu tun. Man muss nur dazu stehen und sich einlassen.

Um Stress zu reduzieren und das körperliche Wohlbefinden zu fördern reicht es völ-lig aus, wenn regelmäßig für einige Minuten meditativ geatmet wird. Komplizierte Übungen, lange Erklärungsvideos oder Kurse mit kostspieligen Geräten tragen eher dazu bei, dass viele diese im Alltag nicht anwenden.

Soname Yangchen beschreibt in einem Buch ihre Flucht aus Tibet über Nepal nach Nordindien. Der Großteil der Flucht verlief über die Berge des Himalaya. Dafür ist sie aber den Wolken näher. Wolkenformationen, Sphären-Klänge und Luftbewegun-gen suggerieren die Kraft und den Odem der Natur sowie die Anwesenheit der Götter, ohne die Soname und die sie begleitenden Mönche es nie geschafft hätte.

Fernab jeglicher Hilfe war sie zum Sterben verdammt. Der Glaube an die Natur und die Verbundenheit mit den sie umgebenden Elementen gaben ihr Kraft und Rückhalt.

Ihre Herkunft und der entbehrungsreiche Weg prägen schließlich ihr asketisches Leben. Was brauche ich wirklich? Folglich betrachtet sie unsere Welt objektiver und reduziert den Konsumterror auf einfache, natürliche und selbstverständliche Dinge, die unser Leben mehr bereichern. Die Reduktion auf das Wesentliche befreit den Geist und macht ihn frei und offen für Neues, Wichtiges. *Minimalismus kann so reich machen!*

Problematisch ist es, ein ruhiges Plätzchen zu finden. Die dicht besiedelten Regionen bieten kaum Rückzugsmöglichkeiten. So bleibt oft nur der heimische Raum übrig, in dem man sich gemütlich und entspannt hinsetzt. Das Betrachten der Wolken, ihre gedankliche Aufnahme, ihr Weiterziehen, Video- oder Bildbetrachtung von Wolken, leise Meditationsklänge, die Sauerstoffaufnahme, schließlich mit geschlossenen Augen in die Sphären eintauchen, tragen dazu bei, sich vom Alltagsstress zu entfernen und zur Ruhe zu kommen. Durch das bequeme Sitzen entspannen sich Muskelgruppen, Stresshormone werden abgebaut. Ein positiver Zustand wird erreicht. Diese Gelassenheit wirkt sich insgesamt auf den Körper aus.

- Nach Innen hören: „Wie geht es mir?"
- Den Willen zur Entspannung aufbauen.
- Einen ruhigen, angenehmen Ort suchen.
- Entspannt hinsetzen oder hinlegen, oder einfach stehen bleiben.
- Ruhig tief ein- und ausatmen.
- Die Natur sehen, hören und aufnehmen, aufsaugen.
- Mit geschlossenen Augen die Natur sehen und hören.
- Die Gedanken mit den Wolken, Wind, Wasser... ziehen lassen.
- In den Elementen der Natur baden, abspannen, nach innen auf den Körper hören.
- Eins sein mit sich, der Natur, und dem weit Entfernten. In sich selbst ruhen...

Dieser Zustand wird nicht sofort gelingen, weil noch zu viele Nebengeräusche oder Gedanken einen beschäftigen. Trotzdem kann man sich jeden Tag einige Minuten Zeit nehmen, diesen Pfad der Entspannung zu erreichen. Während der Mittagspause z. B. besteht evtl. die Möglichkeit, einen Park zu besuchen. Im angrenzenden Umland gibt eine Radtour vielleicht den Anreiz, am Bach zu verweilen und mit geschlossenen Augen seinem Klang zu lauschen. Ein Blick in den Himmel verstärkt diese Oase der Entspannung.

Aber auch Regen und Sturm können in der Natur beobachtet werden. Die Luft wird gereinigt, das Atmen fällt leichter, die Wolken bringen Zukunft!

Bade im Anblick der vorüber ziehenden Wolken. Betrachte deren Veränderungen. Lausche den Klängen und atme die erlösende Luft ein. Natur bietet alles.

Wolken-Meditation möchte ich als Anregung anführen, falls außerhalb von geschlossenen Räumen keine Gelegenheit zur Muße besteht:

„Meditation Tibet Durch Klang zum Selbst":

https://www.youtube.com/watch?v=Xl0DWM5MWHA

Vielleicht können die anschließenden Wolkenbilder zum Baden und somit Meditieren einladen.

Betrachte sie dir. Tauche ein. Suche Details. Siehe das Ganze:

Sind sie majestätisch, klang-gewaltig, zart, sanft, schön, verspielt, sympathisch, verschwommen, geheimnisvoll, mächtig, natürlich, lebendig, lieb, anders, gleich, erhaben, harmonisch, erotisch, pochend, polyphon, crescendo und allegro, forte und piano... eine Symphonie ist dort oben *für dich da!*

Genieße es! Denn das wichtigste im Leben, ist das Leben.

9. Quellen

- Baldemeir, A.: Trancezendenz. In: Populäre Musik im kulturwissenschaftlichen Diskurs. Karben 2001.

- https://www.badische-zeitung.de/klangverschmutzung-ist-um-uns-herum--169208458.html

- Berendt, J.-E.: Das Dritte Ohr. Reinbek 2008. Inneres Hören, S. 342.

- Hamel, P. M.: Durch Musik zum Selbst. Bärenreiter 1992.

- Hatha-Yoga: https://www.projekt-gutenberg.org/wilke/hathayog/chap003.html

- Helsper, W.: Okkultismus – die neue Jugendreligion? Opladen 1992.

- Hofbauer, K.: Praxis der chorischen Stimmbildung. Mainz 1984.

- Hong Li Yuan. Tai Chi Chuan. Chen Stil. München 1999.

- Märkische Allgemeine Zeitung: Fridays For Future demonstrieren in Berlin und

- Müller-Kaspar (Hrsg.): Die Welt der Symbole. Wien 2005.

- Musik um uns. Sekundarstufe 2. Braunschweig 2017.

- Nada Yoga: https://www.yogaeasy.de/artikel/nada-yoga-die-heilende-kraft-des-klangs

- Pacha Magda: https://www.facebook.com/pachamagdamusic/#PachaMagdaMusic, #EarthWomen, #MedicineMusic, #ArteAncestral, #Pachamama, #HonraPachamama, #MedicinaAncestral, #ProtecciónPachamama

- Potsdam – MAZ. *https://www.maz-online.de › Brandenburg*

- Richter, D.: Geographie kurz und klar. Braunschweig 1991.

- Soname Yangchen: Klang der Wolken: Meine Flucht aus Tibet zu mir selbst. Ansata 2015.

- Stressless: https://www.youtube.com/watch?v=Xl0DWM5MWHA

- Vester, F.: Denken, Lernen, Vergessen. München 1998.

- Wikipedia: https://de.wikipedia.org/wiki/Elmsfeuer

- Yoga De la Tierra:

#respiracionconsciente #respira #inhalaexhala #aquiyahora #yogasana #yogapractice #yogalife #yogainspiracion #movimiento #organico #fluidsoul #naturaleza
- Yoga Tribal:

https://www.facebook.com/asociacioninternacionaldeyogamaitreyananda
- ZDFmediathek: Unsere Wälder – Die Sprache der Bäume. 2017.
- Zimbardo, P. G.: Psychologie. Berlin Heidelberg 2008.

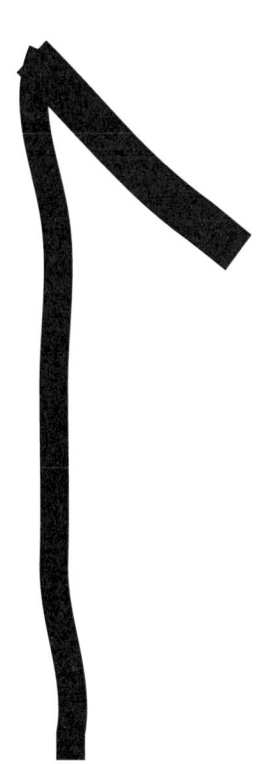

10. Symbole

Vorwort: Ellipse – Als Kreisform symbolisiert sie Harmonie, Vollkommenheit und die Keimzelle allen Lebens.

Seite 9: Rune – Der Gott Odin ist der Erfinder der Runen-Magie. Druiden, Seher und Schamanen nutzen sie, um die Zukunft vorhersagen zu können oder jemanden mit einem Fluch zu belegen.

Seite 11: Kien – Es stammt aus der Pakwa-Schrift und bedeutet das Schöpferische. Man findet dieses Symbol noch in der Nationalflagge Südkoreas.

Seite 18: Sieben – Sie symbolisiert die Wochentage und auch die Anzahl der Weltwunder. Bei den Griechen stand sie für die damals bekannten Planeten.

Seite 24: Dieses Symbol aus der südkoreanischen Flagge stellt Feuer, Herbst, Sonne und Anstand dar.

Seite 28: Blitz – Er steht schlechthin für Kraft und Macht. Der Donnergott Thor vernichtet mit seinem Hammer Gegner. Zeus als oberster Gott der Griechen bestraft damit Ungehorsame. Bei indigenen Völkern gilt der Blitz als Zeichen von Fruchtbarkeit, aber auch Zerstörung, Feuer und Tod.

Seite 30: Alpha – Im griechischen Alphabet steht er zu Beginn. Er bedeutet auch Anfang, Zukunft und Hoffnung.

Seite 32: Ellipse – s. o.
Seite 36: Rune – s. o.

11. Wolken

43

Über den Autor

Dr. Jörg Eggeling wurde in Niedersachsen geboren. Nach der Allgemeinen Hochschulreife leistete er den Wehrdienst ab.

Anschließend studierte er Musik und Geografie für das Lehramt an Gymnasien. Neben seiner Tätigkeit als Lehrer leitete er Chöre und versah den Organisten-Dienst.

Schließlich promovierte er in Systematischer Musikwissenschaft.

In seiner Freizeit trainierte er Taekwondo, 3. Dan WTF, Tai Chi Chuan und Qi Gong.

Zur Zeit lebt er mit seiner Frau und dem gemeinsamen Sohn in Brandenburg und unterrichtet an einem Berliner Gymnasium.

Veröffentlichungen

Bücher:

1. Die instrumentaltechnische Entwicklungsgeschichte der Orgel von den Anfängen bis zur Gegenwart. Hamburg. 2000.

2. Der Stellenwert des Heavy Metal bei Schülerinnen und Schülern eines Kleinstadtgymnasiums. In: Unipress Hochschulschriften Bd. 142. Münster 2003.

3. Einfach Musik-Lernen. Münster 2004.

4. Funktionen und Wirkungen okkulter Heavy Metal-Videoclips bei Schülerinnen und Schülern. Norderstedt 2006.

5. Minima. 2018.

6. Mark Fuffzich: Das Werden der Wand-am-Bein-Trilogie. 2018.

Aufsätze:

1. Endlich entdeckt. „Wirtschaft entdeckt Erfolgsfaktor Unternehmenskultur". Braunschweiger Zeitung 1995.

2. „Weniger an richtiger Stelle bedeutet mehr". Ebd. 1996.

3. Das Instrumentalensemble am Julianum. In: Erweiterung der Festschrift des Julianum: 1992-1997. Helmstedt 1997. S. 36.

4. Heavy Metal. In: Ebd. S. 37 f.

5. Profilierungssucht bei Weihnachtsfeier. In Hard Rock & Metal Hammer 1/1999. S. 129.

6. Fehlinvestition. Braunschweiger Zeitung 2000.

7. Mainstream in der Rockmusik. In: Legacy. The Voice from the Dark Side. 06/2003. S. 111.

8. Die Musik der rechtsradikalen Skins. In: Diskussion Musikpädagogik 23/2004. S. 39 ff.

9. Heavy Metal: Die Musik des Teufels!? – Neue Band am Julianum. In: Mitteilungen. Vereinigung ehemaliger Gymnasiasten. Nr. 81 – Dezember 2004. S. 9 ff.

10. „...sozio-emotionale Sicherheit..." In: www.rockhard.de/home.php3?rubrik=297. 22.02.06

11. Zum Begriff Black Metal. In: Legacy 1/2006. S. 137.

12. Eine „Grusel-Rock"-Band gewinnt beim European Song Contest. In: Diskussion Musikpädagogik. 32/2006. S. 53 ff.

13. Heavy Metal. In: MGG. Kassel 2008.

Zeitfracht Medien GmbH
Ferdinand-Jühlke-Straße 7
99095 Erfurt, Deutschland
produktsicherheit@kolibri360.de